PANÉGYRIQUE

DE

LOUIS XVIII.

IMPRIMERIE DE GUIRAUDET,
RUE SAINT-HONORÉ, N° 315.

PANÉGYRIQUE

DE

LOUIS XVIII.

*Par M. J*** ***.*

> Le premier qui fut roi fut un père adoré.
>
> L'abbé AUBERT.

A PARIS,

CHEZ CHARLES PAINPARRÉ, LIBRAIRE,

RUE DU MARCHÉ SAINT-HONORÉ, N° 5;

ET LES LIBRAIRES DU PALAIS-ROYAL,

17 SEPTEMBRE 1824.

AVERTISSEMENT.

Beaucoup de personnes s'étonneront du titre de *Panégyrique* donné à cet éloge. Ce titre promet le calme et la pureté qui doivent briller dans la chaire, et on ne trouve ici qu'un morceau d'enthousiasme, à qui il ne manque que d'être en vers pour être un petit poëme.

Ce sera, si on veut, un *Dithyrambe en prose*. Peu importent le titre et la forme. C'est un hommage du cœur, rapidement rendu au Nestor du dix-neuvième siècle;

et c'est le cœur seul qui doit juger ici.

Si l'auteur n'a pas mis son nom à ce Panégyrique, c'est qu'il croit l'avoir écrit d'un style souvent bizarre, qu'on lui reprochera peut-être. Il attendra pour que le public ait prononcé.

Louis XVIII, dit *le Désiré*, né à Versailles le 17 novembre 1755, roi de France le 9 juin 1795, mort le 16 septembre 1824, à 4 heures du matin.

PANÉGYRIQUE

DE

LOUIS XVIII.

PANÉGYRIQUE

DE

LOUIS XVIII.

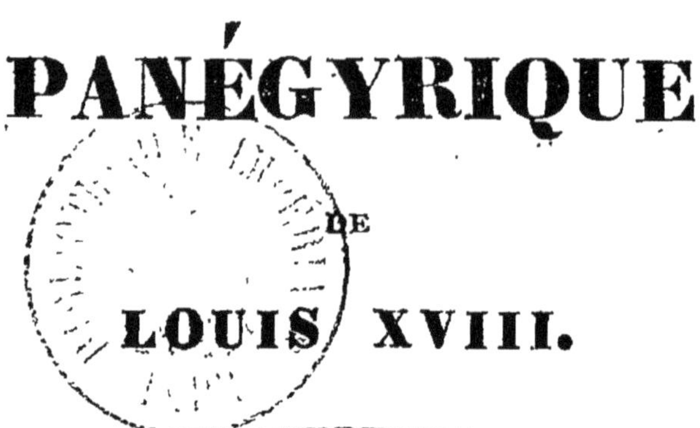

Un jour, la Renommée annonçait aux Français la mort d'un prince idolâtré. Tous redemandaient au Ciel ce Roi chéri du peuple, que deux siècles n'ont pu ôter de nos cœurs.

Ils disaient : « Rendez-nous le règne heureux de Henri IV ; ranimez « la cendre froide du Roi des braves. « Il sut avec nous combattre en héros, « il sut nous aimer en père. Son cœur « partageait nos peines et nos fêtes. « Quel monarque eut des amis plus « fidèles et des sujets plus dévoués ?

« Son sceptre était léger, et ses lois « étaient justes. Il chassa de nos cœurs « les souvenirs de la haine, et sa clé- « mence éteignit la fureur des partis. « O crime! l'idole d'une grande nation « est tombée sous le fer d'un vil assas- « sin.... L'empire de la justice ne fera- « t-il donc que passer sur la terre?.... « Rendez à nos regrets le règne heu- « reux de Henri IV. »

C'était un jour de deuil. On entendit la voix de l'Éternel qui proclamait cet oracle : « Réjouissez-vous, « peuples, dans votre postérité, car « de beaux jours vous attendent. Le « petit-fils de Henri couvrira vos cli- « mats d'un éclat immense. Vous au- « rez trop de gloire, et il faudra l'ex- « pier. Mais après des révolutions san- « glantes et terribles, un règne plus

« auguste que celui de Henri IV viendra relever la France. Un autre Louis
« sera rendu aux vœux de vos enfans ;
« il consolidera les libertés publiques ;
« il guérira les plaies de la patrie ; et
« son trône s'entourera d'une splendeur
« impérissable. »

Le règne du fils de Henri vit éclore des lois sages. La gloire de Louis-le-Grand a frappé la voûte des cieux, et le monde a retenti de son nom. Le sang des Bourbons devait produire des choses héroïques et des hommes magnanimes. Mais la France a eu trop de gloire. Écoutez : les heures de l'expiation sonnent; le crime s'agite; la France, dans d'horribles convulsions, va se couvrir de funérailles. La religion même est proscrite, et Dieu n'a plus d'asile dans le royaume de Saint-Louis. Quelle est cette victime majestueuse que des méchans vont immoler à l'affreux démon du mal. C'est le quatrième successeur de Henri ; c'est un sage couronné. Pleure, noble France : le lis est brisé ; le souffle de l'enfer dévaste tes riantes contrées.

Le pays des lis ne fut plus qu'un chaos d'anarchie et de deuil, de carnage et de gloire, de despotisme et de pleurs. La France, sous un masque brillant, allait s'éteindre, pareille à ce moribond dont le cœur ne bat plus, mais qui ouvre encore des yeux pleins de vie et de feu.

Dieu eut pitié de ces rebelles, longtemps punis ; et Louis-le-Désiré parut sur le trône usurpé de ses aïeux. La voix du Très-Haut sait calmer les fureurs de l'Océan; et la mer, soumise, rentre dans son lit éternel : ainsi la France tout à coup cessa d'entendre le bruit de la tempête.

Le despotisme n'est plus; les pleurs se sont taris; l'anarchie et la soif du sang taisent leurs clameurs. Tout reprit l'ordre et l'harmonie, comme par l'effet d'un pouvoir magique. Louis s'annonça par la clémence; il montra qu'il savait régner et qu'il ne savait point punir. Tel est le sang des Bourbons, ce sang auguste et révéré, dont Louis IX a placé la tige dans les cieux.

Si, après les cent jours de larmes, Louis éloigna les juges relaps de son vertueux frère, qui oserait se plaindre de cette justice? Rappelez-vous Charles II vengeant son père; et voyez

Louis se bornant à écarter de sa vue les ennemis implacables de son trône, oubliant ses propres injures, et semant partout ce pardon qui dut produire l'amour. *Union et oubli!* ce fut sa devise; et jamais cœur d'homme ne l'observa mieux que le sien.

Il ferma les portes du temple de Janus. La paix vint s'asseoir sur nos trophées et nous ramener l'abondance. Il voulut rendre éternels les bienfaits de sa sagesse, et il dit aux Français : « Ralliez-vous sous mes étendards purs. Je « vous ai donné la paix. Je vous ap- « porte l'union et le bonheur. Je vous « ferai connaître enfin cette liberté « sainte, dont jusqu'ici vous n'avez « aperçu de loin que le fantôme. » Et Louis donna la Charte immortelle.

Quels beaux jours ont suivi ce pacte auguste ! Nos neveux en traceront l'histoire en lettres d'or. Mais nous, sommes-nous déjà dignes d'en sentir tout le prix?

. . . .

Mille chaînes d'airain pesaient sur nos pères ; et nous, n'étions-nous pas aussi dans des fers cruels ? Souvenez-vous de ces jours d'un éblouissant esclavage, que les insensés mêmes ne peuvent regretter sans mentir à leur cœur. L'homme, jadis serf de la glèbe, était devenu esclave du sabre. L'égalité tant vantée, n'était qu'une odieuse imposture. Les lois étaient muettes, et les prisons ouvraient leurs antres à la voix des despotes qui s'agitaient sous l'épée du géant. La pensée n'osait gémir ni se plaindre, étouffée sous le sceptre de plomb que l'ennemi des hommes étendait sur elle.

. . . . .

Mais la Charte sainte a paru. L'égalité que donnent les lois se montre sans détour; les hommes deviennent citoyens, car ils sont libres, et Louis ne commande que par l'organe des lois incorruptibles. La pensée brise ses entraves; elle éclaire le pouvoir, et s'annonce avec assurance. Le peuple nomme ses représentans; la nation elle-même fait ses lois; tout concourt au bonheur public. Toutes les plaintes sont entendues; toutes les prières sont accueillies. L'usage féroce des confiscations, cet usage des temps barbares, ce droit du monstre féodal, rétabli dans un siècle que l'esclavage allait envahir, est aboli par le Roi législateur; et les enfans ne mourront plus dans l'opprobre, pour les égaremens de leurs pères. Les factions mêmes s'unissent pour aimer un Roi si sage; toutes les nations unies l'honorent de leurs repects et de leur admiration sincère.

Honneur à ta haute sagesse, ô Louis! ton nom ne périra point. La Charte qui protége ton peuple est un plus grand titre de gloire que toutes les victoires des temps anciens et de l'époque nouvelle, qui couronnent nos fastes héroïques.

On dira pourtant que sous ces justes lois il y eut aussi quelques jours de guerre. Mais on ne pleurera pas sur des millions de Français immolés. Les combats n'ont point dépeuplé nos villes; le champ du repos ne s'est point couvert d'urnes funèbr es. Pour la première fois, l'humanité a précédé ses vaillantes cohortes qui naguère étaient la proie du cercueil, et la paix est revenue, sans tremper ses pieds dans des flots de sang français.

O bienfaits d'un règne doux et paisible ! la Religion a repris, pour le bonheur des peuples, sa divine influence ; la sagesse et la philosophie s'avancent avec elle ; la tolérance accompagne sa marche sainte ; tout respire ; les lettres renaissent avec éclat ; les Muses, que le tonnerre de Mars avait fait fuir, nous ramènent leurs nobles jeux ; les arts poursuivent et étendent leur brillante carrière ; les sciences agrandissent leurs limites, et les conquêtes du génie succèdent aux conquêtes de l'épée ; la civili sation épure les mœurs ; l'industrie e fante chaque jour la prospérité et l jouissances nouvelles ; le commerce, entouré d'une sécurité constante, affermit la fortune publique ; des monumens s'élèvent de toutes parts ; sous un roi comblé des dons de l'esprit, les lumières se répandent d'un pas rapide ; l'éducation s'est reconstituée, elle prodigue à tous ses faveurs inestimables ; et des lois marquées du sceau de la sagesse signalent chaque jour d'un règne qui devait durer plus long-temps.

Le cœur se plaît à louer un prince digne du trône, un Roi patriarche, un père de son peuple. Mais l'éloge d'un tel monarque doit être court, car il n'exige ni préparations ni éloquence. Qui oserait le disputer ? On célèbre en peu de mots les Antonins, les Saint-Louis, les Louis XII, les Henri IV ; tandis qu'il faut de longues pages pour l'apologie de ces hommes effrayans qui ont brillé par la guerre, et dont il faut chercher les vertus parmi le sang et les ruines.

Louis fut juste et bienfaisant. Aucune tache n'a souillé son règne auguste. Les douleurs de ses derniers jours n'altérèrent point sa longanimité; ses souffrances furent pour lui seul; ce fut un sage et un père jusque sous la main de la mort; et le peuple qui le pleure n'a rien à lui pardonner.

Ah! ce bon Roi n'est plus. L'ange de la mort vient de ravir l'homme de la félicité publique. Pleurez, peuples: Louis vous aimait! Son âme s'occupait de nous encore au moment suprême où elle quitta cette terre, pour paraître auprès de Saint-Louis, devant l'éternel.

Son âme est grande et pure; et les génies du mal se sont enfuis devant le tableau de sa vie. Allez aussi, fils de Saint-Louis, montez au ciel. Vous reverrez Berry, Enghien, Louis XVI, et les autres âmes saintes d'une famille qui ne peut périr.

Le Roi est mort. Mais le sang des Bourbons est à jamais sur le trône; la même sagesse continue de régner; l'ange de Louis est aussi la fille de Charles, et un autre Henri croit à l'ombre des lis. C'est le siècles des heureux jours, et du sein de son deuil la France embrasse un avenir de bonheur.

FIN.

www.ingramcontent.com/pod-product-compliance
Ingram Content Group UK Ltd.
Pitfield, Milton Keynes, MK11 3LW, UK
UKHW021039200726
13857UKWH00005B/1821

9 782013 190558